IƟ163003

Les Miroirs Magiques

UNICURSAL

Copyright © 2018

Éditions Unicursal Publishers
www.unicursalpub.com

ISBN 978-2-924859-63-6

Première Édition, Beltane 2018

SÉDIR

Les Miroirs Magiques

Ou l'Art divinatoire d'évoquer les
Esprits et de communiquer avec eux.

UNICURSAL

LES MIROIRS MAGIQUES

INTRODUCTION

En aucun temps l'homme n'a pu se satisfaire des merveilles du monde physique; dès l'origine des sociétés il eut l'intuition d'un au-delà et d'un invisible, le désir de l'infini; créature misérable et solitaire luttant sans cesse contre la fatalité formidable, il a cherché instinctivement en lui-même une logique pour guider sa marche, une lumière pour encourager son inlassable espérance. Je ne reprendrai pas le développement, facile à décrire, des sociétés primitives, des cultes rudimentaires; les lecteurs connaissent ce chemin de croix de l'humanité, à toutes les étapes duquel la blessure physique a fait épanouir une nouvelle fleur spirituelle.

La divination prit naissance de ces cris d'angoisse et d'interrogation que jetait notre ancêtre pitoyable à la grande voix des eaux, au chant des forêts, aux étoiles; l'oiseau planant dans les cieux, l'animal rencontré sur la route, le météore illuminant la nuit, donnèrent des réponses à ses demandes inexprimées; la Nature physique contribua donc la première à édifier cette grande science des présages.

Mais, si nous nous en référons aux sources de la tradition occulte, nous apprendrons que toujours des entités angéliques furent commises par la sagesse suprême à la direction du triple mouvement évolutif de la planète : ce sont les descendants de ces anges qui forment la fraternité glorieuse et bénie des adeptes. Par ceux-là, les notions innombrables et éparses furent réunies en systèmes de science et leurs théories mentales, assenties avec une plénitude parfaite, s'identifièrent toujours avec les lois archétypes. La principale de ces lois et la plus *fondamentale*, en même temps que la plus *capitale*, est celle de la Trinité [1].

Je vais essayer de l'appliquer ici au vaste système de la Divination.

L'homme est triple : corps, âme doublement polarisée, esprit [2].

Le cosmos est triple : nature naturée, humanité (Adam de la *Genèse*), nature naturante (esprits, génies planétaires, anges). Placé au centre du cosmos, l'homme peut donc interroger spécialement chacune de ses trois parties, et cela selon l'une ou l'autre de ses triples facultés : telle est la base de notre classification.

L'homme physique interroge le corps de la nature : de là naît la divination par les présages naturels ; qu'il interroge les autres hommes, l'âme de la nature, il créera toutes les par-

---

1   Voyez sur la Trinité les admirables travaux de Lacuria et de Barlet.

2   Papus : *Traité de Magie pratique*, Paris, Chamuel, 1894, in-8, *Science des Mages*, Paris, Chamuel, broch. In-18.

ties de la physionomie; qu'il interroge les esprits, ils lui répondront autour du cercle magique.

L'homme animique trouvera les réponses de la nature dans les images du rêve; il pourra lire dans l'âme des autres hommes en développant ses sens spirituels; et il entendra les génies lui parler, dans le sommeil sacré de l'extase. Si enfin, c'est l'esprit qui s'angoisse et s'inquiète, le ciel lui répondra par les déductions, de l'astrologie, la chaîne magique de l'initiation humaine fera parler les tarots, les teraphims anciens, ou encore la Lumière même du Verbe lui inspirera des prophéties conscientes.

Le tableau suivant fera mieux saisir ces classifications.

LE NOM-MOI	ADAM		
	Homme physique	Homme astral	Homme intellectuel
Nature naturée	1. Présages naturels	2. Songes	3. Astrologie judiciaire
Humanité	4. Physionomie générale	5. Sensibilité astrale (clairvoyance, etc.)	6. Tarots
Nature naturante	7. Magie, manifestations physiques de l'invisible	8. Extase	9. Prophétie consciente

LE COSMOS

Nous voyons, dès le premier coup d'oeil, qu'en vertu du principe même de la Yoga, celui qui veut posséder la maîtrise de la divination devra s'assurer tout d'abord de son développement astral (case 5 du tableau) centre de tout le système, point solaire de toute culture.

— Le miroir magique n'est autre que l'instrument de la culture ésotérique des sens astraux : on peut juger par là de son importance. — J'ajouterai cependant qu'un tel sujet est au-dessus de mes forces, et que je n'ai pas l'intention, de l'épuiser dans les pages suivantes. Une simple élucidation préliminaire de l'hyperphysique dans l'homme et en dehors de l'homme, avec le moyen d'en pénétrer les régions les plus grossières : tel est le plan de cette étude.

Quelques qu'en soient les imperfections, je m'estimerai heureux si les travailleurs sincères peuvent retirer de cette lecture quelques utiles indications.

L'AUTEUR

CHAPITRE PREMIER

THÉORIE

I. — *L'Invisible*

Plus qu'à aucune autre époque de l'histoire occidentale, les esprits façonnés par la science actuelle se lassent dans le labyrinthe sans fin au monde phénoménique. Des savants à l'érudition encyclopédique se sont succédés en grand nombre pour édifier de simples classifications de sciences mêmes particulières : peines perdues ; les faits d'observation viennent chaque jour détruire les théories les mieux édifiées, faute d'un insaisissable lien dont bien peu ont connu l'existence, et dont un plus petit nombre encore parmi ceux qui l'ont connu ont pu servir efficacement.

Ce lien, terme équilibrant et canal entre deux contraires, le lecteur l'a deviné déjà, c'est le troisième terme de la Trinité.

A l'étudiant apparaît comme la loi capitale de la création ; en effet, tous les dogmes la proclament en première place. Cette loi générale doit donc être également vraie dans ses applications particulières.

Nous renvoyons ici le lecteur au lumineux exposé qu'a fait Papus des trois mondes de l'univers.

« Chaque forme organique ou inorganique qui se manifeste à nos sens est une statuette d'un grand artiste qui s'appelle le créateur, ou plutôt qui vient d'un plan supérieur que nous appelons le plan de création.

« Entre ce plan supérieur et notre monde physique visible, il existe un plan intermédiaire chargé de recevoir les impressions du plan supérieur et de les réaliser en agissant sur la matière [3]. »

C'est ce plan intermédiaire que la tradition occulte appelle *plan astral*.

Puisqu'un phénomène quelconque appartient ipso facto au monde physique, puisque sa cause première appartient au monde idéal, métaphysique, — le moyen par lequel celle-ci se manifeste appartient au monde des lois, au monde astral.

Protée aux formes infinies, l'astral est ce milieu, ce médiateur universel qui reçoit passivement les influences positives des principes du *Monde;* il les nourrit dans son sein, les élabore, les organise et les ayant vitalisées, il les fait servir, — devenues partie intégrante de lui-même, et ses facultés fécondatrices propres, — au modelage de l'élément ultime de la matière, de ce protyle récemment entrevu. Par l'effet des forces physiques que nous connaissons, de cette seconde

---

3   *La Sience des Mages et ses applications théoriques et pratiques,* chez Unicursal.

fécondation vont se développer les phénomènes visibles, à la fois gloire et désespoir de la science positive.

Tel est l'avis de la Tradition : entre une cause et un effet agit toujours la faculté spécialement et spontanément adaptée à la double nature du principe et du but à atteindre [4].

Ce que je viens d'esquisser si grossièrement n'est autre que la révolution la plus générale du quaternaire, dont on peut voir le mouvement magistralement décrit dans les admirables travaux de F. Ch. Barlet [5].

Voilà donc la vraie nature de ce mystère invisible qui nous effraie par sa profondeur et qui se dérobe avec tant de souplesse à nos recherches dès que nous le voulons interroger.

Or, cette faculté protéenne d'adaptation, qui est l'essence même de l'astral, puisqu'elle se manifeste par du mouvement, est-elle de la vie ? L'astral est-il donc un être vivant, ou une immense collectivité d'individus vivants ? L'analogie oblige à répondre par l'affirmative. D'ailleurs, les plus hauts initiés comme les plus célèbres philosophes exotériques ont reconnu l'univers comme un tout en perpétuelle transformation d'où la mort — prise au sens strict d'équilibre, de néant — est exclue [6].

---

4   La faculté d'adaptation considérée d'une manière générale, et sous toutes ses formes, est le *Fo-Hat* des initiés du nord de l'Inde, c'est la *Sakti*, la femme des grands dieux, pour le brahmane initié, c'est pour Adam, Eve, etc. Voyez la *Genèse*. Il y a six de ces facultés universelles, synthétisées dans une septième.

5   *La sociologie synthétique*. Paris, Chamuel, 1895, in-18.

6   Voyez entre autres la *Monadologie* de Leibnitz.

Nous voici en conséquence amenés à conclure, d'accord avec les sages des temps les plus reculés : de même que tout ce qui se meut, que tout ce qui vit, l'invisible est à la fois un être et une immense assemblée d'êtres : l'homme physique est l'agrégat d'innombrables cellules, il est lui-même cellule du corps cosmique d'Adam-Kadmon. Que les proportions gigantesques de ces individualités occultes passent nos ordinaires conceptions, que ce qui nous apparaît comme un milieu inconscient soit en réalité un individu doué de corps, d'âme et d'esprit, c'est ce dont une méditation plus profonde nous convaincra, c'est d'un tel sublime spectacle que le miroir magique peut nous rendre témoin.

Récapitulons ces données quelques peu obscures. Des principes extrêmement simples, des phénomènes infiniment multiples, — entre eux, des canaux, des organes ; ainsi apparaît l'univers à qui le pénètre du dehors au dedans. Prouver cet invisible, ou mieux, mettre tout étudiant sincère et convenablement disposé sur le chemin qui pourra le mener — s'il le désire — au seuil de l'océan de lumière et de vie dans le sein duquel flottent les mondes : tel est le but de cet essai.

II. — La Clairvoyance

On appelle *clairvoyance* la faculté de voir tout ce qui se trouve hors de la portée de notre regard physique.

La clairvoyance peut s'exercer dans le temps ou dans l'espace.

Dans le temps, elle fait découvrir les choses futures (pressentiments, prophéties, etc.) ou elle laisse apercevoir les choses passées.

Dans l'espace, elle produit ce que les psycho-physiologistes d'aujourd'hui appellent des « hallucinations télépathiques visuelles [7] ».

Depuis Mesmer, d'illustres philosophes surtout chez les Allemands, se sont occupés de cette singulière faculté de l'homme ; ils en ont cherché la théorie ; et c'est après Kant, Schopenhauer, après l'instaurateur du Monisme, le Dr C. du Prel [8] que je vais tenter une élucidation de ces phénomènes si peu connus.

Pour établir cette théorie partons de cet axiome de sens commun que la clairvoyance est une perception.

Or, qu'est-ce qu'une perception ?

Une perception est une sensation amenée à la conscience, et comme rien n'existe pour nous si nous n'en avons pas conscience, ces deux termes, sensation et perception, s'équivalent en réalité.

D'après Vyasa (in comment. Patandjali), la sensation est cette manifestations de l'intelligence, du mental, qui consiste principalement dans la constatation des qualités spécifiques des objets, c'est-à-dire de leurs apparences phénoméniques.

---

7   Voyez-en de nombreux exemples dans les Annales des sciences psychiques dirigées par le Dr Dariex, et en général dans tous les organes spiritualistes.

8   Voyez ses derniers articles dans la Revue Sphinx de Berlin, et sa Philosophie des Mystik.

D'après Kapila [9], la sensation est cette manifestation mentale qui se produit comme une apparence de ce avec quoi elle est en rapport.

La sensation, nous l'avons vu, a pour effet la perception. Enfin le Nyaya définit la perception comme l'acte de la connaissance par lequel l'organe sensoriel arrive en relation ou en contact avec son objet [10].

Ces trois définitions données par trois systèmes différents offrent une concordance remarquable.

Elles indiquent que l'acte de la sensation comme celui de la perception demande trois facteurs pour être réalisés :

---

9   *Saukhya Yoga*, I, 89. Voy. L'excellent résumé qu'en a fait en 1884 Rama Prasad dans le *Théosophist*. Nous avons fait beaucoup d'emprunts à la philosophie orientale parce que ses maîtres ont toujours été unanimes à reconnaître l'irréalité du monde phénoménique, conclusion à laquelle les occidentaux ne font que d'arriver.

10   R. Dubois et J. Renaut ont établi que le phénomène de la vision se réduit, en dernière analyse, à un véritable phénomène tactile. Chez les mollusques étudiés par R. Dubois comme chez les vers (Darwin), le passage de l'obscurité à la lumière, l'intensité lumineuse et la longueur d'onde, la durée de l'excitation lumineuse provoquent des contractions d'une certaine espèce, encore qu'aucun rudiment d'oeil n'existe. Les fonctions photodermatiques nous apparaissent ainsi comme les plus anciennes du sens de la vision. Sous l'influence des rayons lumineux, la peau de ces invertébrés agit déjà comme une rétine élémentaire et, en se propageant à travers les téguments superficiels, la lumière détermine des contractions réflexes analogues à celles de l'iris. » J. Soury *La vision mentale*, Revue philos., janvier 95. R. Dubois, *Le mécanisme des fonctions photodermatiques et photogéniques dans le siphon du Phola Dactylus*).

1° Ce qui perçoit (le mental, le sens interne).
2° Ce qui est perçu (l'objet dans ses qualités d'apparence).
3° Le moyen de perception (l'organe sensoriel).

Tel est le procès de la connaissance décrit par Kapila (*Aphorismes*)[11] :

Il comprend :
{ 1° L'idée qui forme l'objet de la connaissance : *Grihitri* (le subjectif).
2° Le connu : *Grahana* (l'instrumental).
3° L'acte de la connaissance : *Grahya*.

Si les choses se passent ainsi pour les perceptions sensorielles, il doit en être de même pour les perceptions hyperphysiques au premier rang desquelles se range la clairvoyance. Reportons-nous pour cela aux nombreux témoignages d'expériences que contiennent les œuvres des magnétiseurs modernes.

En examinant les cas de claire-vue nous remarquerons avec M. Mohini [12] qu'un sujet somnambulique qui perçoit fort bien les personnes avec lesquelles son magnétiseur le met en rapport et les lieux où il l'envoie est absolument incapable d'entendre ce que disent ces personnes ; et vice-versa, si ledit sujet est développé en claire-audience, il ne sera pas clair-

---

11   Nous nous appuyons de préférence sur la philosophie Sankhya à cause de son caractère profondément naturaliste qui la met plus à la portée de notre intellect moderne.

12   *Transactions of the London Lodge of the Théos. Soc.*

voyant; la même remarque s'étend aux manifestations psy-chométriques.

On peut inférer de là que si, dans un sujet magnétisé, le mental se manifeste tantôt par l'intermédiaire de tel autre, chacun de ces sens dispose d'un organe spécial : par consé-quent, comme il y a un oeil, une oreille physique, l'oeil astral, l'oreille astrale, etc. existent également.

Mais si les sens astraux existent, pourquoi leurs manifes-tations sont-elle si rares et si difficiles à atteindre ? C'est parce que nous n'avons pas conscience de leurs activités; le champ de la conscience ne s'est pas encore développé jusqu'au plan astral (conscience transcendante des Allemands).

Tout le secret du développement de la clairvoyance se résout donc dans ce seul moyen : étendre le champ de la conscience.

Essayons de définir exactement ce mot de conscience, nous pourrons ainsi trouver plus rapidement le moyen de la développer.

La conscience est cette faculté du *soi* qui lui fait reconnaî-tre sa distinction individualiste d'avec les autres objets : c'est la relation qui s'établit entre le moi et le non-moi au moyen des divers systèmes de sensibilité.

Son exercice suppose nécessairement celui de la faculté de perception.

Or, l'expérience de chaque jour nous a appris que nous ne percevons un objet qu'autant que nous lui accordons notre attention [13]. D'autre part, toutes les philosophies reconnaissent que l'attention est un phénomène essentiellement volontaire [14]. Remontant la chaîne de déductions qui vient d'être établie, il peut être conclu que le seul moyen d'étendre le champ de la conscience en vue du développement de la clairevue, c'est la mise en œuvre de la volonté ou du désir.

***

Comment, en ce cas, devons-nous employer la volonté? Appelons ici à notre secours la science orientale; nous accepterons à priori ses enseignements, quitte à les vérifier ensuite par de minutieuses expériences.

Les anciens sages de l'Inde pensaient que l'esprit et la matière ne sont pas choses opposées, mais bien deux pôles d'une même lumière; une des conséquences de cette théorie les amenait à revêtir les émotions et les idéations de l'être humain d'un certain caractère de matérialité.

Au-dessus du corps physique visible se meut le corps subtil formé des éléments purs et comprenant tout l'appareil mental (sens, intellect, conscience).

Il est à son tour animé par le corps causal, premier reflet de l'Atma, du soi divin, du Logos.

Le corps subtil comprend les cinq sens physiques, les cinq forces psychiques qui meuvent les cinq organes externes, et

---

13   Attention: *de tendere ad*, application de l'esprit à un objet.

14   Ad. Franck. *Dict. des sciences philosophiques*, p. 121.

les cinq médiums par lesquels opèrent ces cinq forces motrices.

D'autre part, le corps physique est animé par certains organes que la science moderne appelle le plexus et que les Indous appellent *Chakrams* ou roues ; ils comptent sept de ces foyers d'énergie dans le corps humain :

Muladara Ch.	ou plexus sacré.
Souadis thana Ch.	ou plexus prostatique.
Manipuraka Ch.	ou plexus solaire.
Anahata Ch.	ou plexus cardiaque.
Viandha Ch.	ou plexus pharyngien.
Agneyà Ch.	ou plexus caverneux [15] et
Sahasrarà Ch.	ou glande pinéale (trou de Brahma).

Ce dernier foyer est le point où les énergies physiques se subliment pour fournir un aliment aux activités du corps subtil ; il est donc le point de départ et le point d'arrivée du grand courant animateur du corps physique que Sankaracharya appelle Kundalini, et comme tel il appartient au corps subtil où siège le mental et la conscience.

D'autre part le sens de la vue psychique [16] est localisé dans le plexus caverneux ; pour amener à la conscience les

---

15   *In Chandilly Upanishad.*, publié en Anglais par Tookaram Tatya, Bombay, 1893.

16   Cet organe est appelé par les livres indous lumière de la tête, oeil de sagesse, oeil céleste, oeil de Siva ; c'est le réservoir de la lumière (*Tejas*) du feu qui anime tous les hommes (*Vais wanara*).

impressions de cet organe, il suffit donc, pour parler comme les Upanishads, de faire passer Kundalini par l'Agneya Chakram, c'est-à-dire en langue vulgaire, de concentrer par un acte volontaire toute la force nerveuse du corps au milieu des sourcils, point où se trouve le siège de la vision mentale (l'oeil de Siva) ; on y arrivera d'autant mieux que l'on aura plus de force nerveuse en disponibilité, en abolissant toute autre perception [17].

« Le Yogi, dit Patandjali [18], voit les choses par Pratibha, c'est-à-dire par la lumière ou la connaissance produite instantanément par la conjonction de l'âme et de l'esprit, avant l'exercice de toute faculté raisonnante.»

C'est ce que nous allons étudier dans le paragraphe suivant.

III. — Le Miroir

La méthode précédemment donnée pour développer les sens psychiques est donc assez difficile à suivre. Elle exige tout d'abord une surveillance de tous les instants sur l'organisme astral dont la sensibilité devient extrême dès que la volonté s'oriente vers l'invisible ; il faut y apporter ensuite une gran-

---

17   Remarquons d'ailleurs que le sens de la vue résume et contient tous les autres. Cf. *Man, Fragments of forgotten hist.*, London, 1885, in-8.

18   *Yoga Sastra*, liv III, 34 et sqq. Voir aussi pour les détails complémentaires le *Nyaya Siddhanta*, les *Sanbagya-Lakhmi*, *Dhyana-Bindou*, *Amrita-Bindu*, et *Tripura Upanishads*.

de constance; c'est, en somme, une nouvelle vie qu'il faut mener, une nouvelle direction qu'il faut imprimer à l'esprit comme à l'inconscient.

Dans cette lutte perpétuelle avec les distractions de la vie ordinaire et avec les tableaux du monde physique, la volonté devra trouver des auxiliaires dans chacun des trois organismes que comprend l'être humain. L'homme intellectuel aura à mettre en jeu sa faculté de méditation par laquelle il générera consciemment des idées; l'homme animique se développera en retranchant les émotions personnelles et en acquérant le pouvoir de ressentir les émotions de l'universel; l'homme physique, enfin, devra fermer la porte aux sensations externes par l'auto-hypnotisation.

Tout ceci paraîtra peu scientifique à des lecteurs occidentaux: il n'en est pas moins vrai que telles sont les strictes règles de l'éducation occulte suivies depuis les temps les plus reculés dont nous puissions acquérir la notion [19].

En fait, le commençant devra, pour percevoir l'invisible, s'abstraire du visible: ce n'est que plus tard, lorsqu'un exercice long, patient et continué avec une persévérante ardeur l'aura conduit à la maîtrise, qu'il pourra être à la fois spectateur du monde occulte et du monde matériel.

S'abstraire du visible, c'est en perdre la conscience; c'est dormir de cette sorte de sommeil physique dont nos savants

---

19   On peut trouver également des preuves de cette antiquité dans les documents écrits, au moyen de l'astronomie, comme le font les savants hindous actuels.

modernes ont redécouvert les variétés les plus rudimentaires sous le nom d'hypnotisme.

Parmi les sens au moyen de qui nous sommes en relations avec le visible, deux sont, de par la matérialité de leur objet, absolument sous le contrôle de la volonté : pour ne pas exercer le tact et le goût, il suffit en effet de rester immobile. On me pardonnera la naïveté de ces remarques : elles sont utiles, ne serait-ce qu'en montrant la simplicité des moyens employés par l'occulte pour des résultats « surnaturels » selon le vulgaire.

Quant aux trois autres sens, on peut les annuler en s'enfermant, comme les *Yogis*, dans le silence et l'obscurité d'une retraite souterraine.

Mais alors qu'arrive-t-il ? C'est que la volonté en est réduite à tirer exclusivement toute sa force de *l'invisible*, de l'astral, au moyen d'une concentration intellectuelle dont la puissance est bien au-dessus du pouvoir de la majorité des étudiants, même avancés.

L'idéal serait donc de fournir au cerveau, par le moyen des trois sens précités, un adjuvant dont l'uniformité et la persistance n'apporteraient point de distractions à l'intelligence : ainsi le sens physique sera endormi, et la volonté trouvera de nouvelles forces pour s'exercer.

L'emploi de ces adjuvants est connu dès la plus haute antiquité : ce sont les parfums, la musique et la lumière. Les initiés égyptiens et indous les maniaient avec une science consommée pour le développement de leurs néophytes, et la tradition de ces pratiques se retrouve chez tous les peuples.

Donner plus de détails serait sortir de mon sujet; on trouvera d'excellents vues, adaptées à l'intellect moderne, dans le *Traité de Magie pratique* de Papus [20].

Remarquons simplement ceci. Selon le tempérament du sujet [21], les anciens sages se servaient pour l'amener au sommeil magique de l'un de ses sens: il était préparé alors, par l'ébranlement monotone des autres sens que j'ai indiqué plus haut, à une impression plus vive sur le sens voulu, déterminant *l'hypnose*.

C'est ainsi que celui qui voudra se développer en clairvoyance assoupira tout d'abord son odorat par une fumigation appropriée, son oreille, par une musique d'un caractère spécial, tandis qu'à la demi obscurité d'une petite lampe, il fixera ses regards sur le miroir magique.

Ces longues explications amènent en somme à regarder le miroir magique comme un instrument destiné à absorber, à soutirer des yeux du sujet tout la lumière physique.

Mais ce n'est là que la première moitié de son action.

Nous avons vu combien était difficile et long le développement de la clairvoyance lorsqu'on ne peut mettre en rapport la sensibilité latente de l'«oeil de Siva» qu'avec le milieu astral situé dans l'espace. Il semble que si l'on pouvait concentrer cette lumière astrale en un foyer, tout comme les miroirs concaves le font pour la lumière physique, la clairvoyance serait bien plus rapide. Une pareille condition se trouve réalisée

---

20   Ch. V, Maniement des Excitants.
21   Voir §5.

par les miroirs magiques : en effet, partout où il y a concentration de lumière physique, il y a par cela même un foyer éthéré, un nœud de vibration du milieu générateur ; pour les miroirs sphériques le problème est donc résolu : placer l'oeil du sujet en rapport avec le foyer astral et, au bout d'un temps plus ou moins considérable, selon le degré de concentration mentale ou de désir : (c'est-à-dire selon la perfection avec laquelle la septième force astrale de notre corps aura pénétré la *Roue Ignée*), d'après ces conditions, dis-je, — qui dépendent directement, je le répète, de la puissance de la volonté — la clairvoyance se produira ; elle ne sera tout d'abord pas parfaite, ni même précise peut-être, mais un exercice continu et soigneux donnera progressivement aux organe astraux toute la sensibilité qu'ils sont capables d'acquérir.

Ainsi les miroirs sphériques, c'est-à-dire formés d'une portion de sphère, sont les plus puissants. Les disques plats ne possèdent que la propriété d'absorption : c'est pourquoi les disques magiques sont toujours de couleur saturnienne [22].

Telle est la plus simple explication que l'on puisse donner des effets du miroir magique. Résumons-la en quelques mots. Etant donné une faculté latente de discerner la lumière astrale, pour arriver à ce résultat deux actions opposées constitueront le ternaire de cette opération :

---

22   Voyez §6.

Emploi du miroir pour
un double objet

(0)

1

Absorption de la
lumière physique

(-)

2

Concentration en un point
de l'espace d'une parcelle
de lumière hyperphysique

(+)

J'espère que la suite de ces pages éclaircira sans doute l'obscurité de ces explications, et le désir du lecteur fera le reste.

CHAPITRE II

RÉALISATION

IV. — *Les Royaumes de l'Astral*

Essayons de pénétrer plus avant dans les mystères de cette Ame organisatrice universelle que nous avons reconnue précédemment; essayons, guidés par l'analogie et par le récit des voyants, de décrire les cellules innombrables qui la composent, ses sphères, ses puissances, ses hiérarchies: tâche énorme, ce que je n'aborde qu'en m'excusant.

Analogiquement, on peut écrire tout d'abord que l'invisible est formé, comme le visible, de milieux et d'individualités. Les uns comme les autres peuvent être divisés en trois grands plans: le terrestre, le lunaire et le solaire [23].

En tant que milieux, on trouve dans chacun de ces trois plans les forces analogues à celles qui agissent en l'homme:

---

23   Voyez Alex, St-Yves, Les *Clefs de l'Orient*, la Naissance et Papus: *l'Etat de trouble*, Paris, 1894, br. in-18.

attractives, répulsives, de projection, génératrices, réceptrices, d'adap-tation et de synthèse.

Se rendre compte de visu de ce qu'ils contiennent demande un triple entraînement pour lequel bien peu d'hommes possèdent une mentalité assez puissante. Pour se plonger dans les formidables courants de ces canaux cosmiques, il faut de toute nécessité une connaissance parfaite de leurs cycles, de leurs lois et de leurs qualités. Ce n'est d'ailleurs pas ici le lieu de faire cet exposé.

Considérés au point de vue des individus [24], les trois plans de l'invisible peuvent être attribués, d'une façon générale, aux élémentaux, aux élémentaires et aux anges. De ces trois catégories d'êtres, ceux avec lesquels nos contemporains croient entrer le plus facilement en relations ce sont les élémentaires, les âmes des morts : cela n'est vrai cependant que pour une fort petite part des phénomènes spirites. Les âmes des morts sont parfois liées à la terre par un désir non satisfait ;

c'est à leurs fils pieu d'abréger ces tourments. Les ancêtres viennent volontiers dans le cercle saint du foyer familial lorsque leurs descendants les invoquent avec amour ; il se ren-

---

24   Une analyse plus profonde fait voir le *milieu* à son tour formé par la réunion d'individus immensément nombreux : tels les atomes. Mais cette division déroute moins les habitudes de l'esprit occidental : j'ai donc cru bon devoir la maintenir. Cette classification ternaire a été connue et développée de temps immémorial par les Indous : leurs 7 *Lokas* (lieux) sont décrits par les adeptes aryens : mais, ne voulant donner que de brèves indications, je me suis borné aux notions courantes de la tradition occidentale.

dent visibles aussi dans la coupe magique : mais qu'une vaine curiosité ne s'avise jamais de troubler leur repos.

Parmi les élémentaires, quelques-uns dont les énergies furent, au cours de leur vie terrestre, exclusivement consacrées à des buts égoïstes tombent dans les orbes maudits du satellite sombre : là se pressent les vampires, les magiciens noirs, les Frères Inversifs voués aux souffrances sans nom de la désintégration totale : là est réalisée la loi de mort dans son sens le plus absolu.

Détournons les regards du voyant de ces lieux d'horreur et faisons-les pénétrer dans les royaumes de la vitalité terrestre, chez les élémentaux. Nous voici avec les esprits des éléments, les *Saganes* de Paracelse. Leur nombre défie le calcul ; tout être, dit la Kabbale, chaque herbe, chaque pierre a son esprit. Ce sont les manifestations, les puissances plastiques, les armées innombrables de la Nature : les *Shadaim*.

En voici de tristes, de grisâtres aux yeux glauques couchés dans le sein morne des étangs et des marais ; voici, se jouant sur la crête irisée des vagues, les tritons, les mermaids, les ondines capricieuses : amies de l'homme parfois, plus souvent dangereuses fascinatrices : formes merveilleuses de passions dont l'attrait jette l'homme sur les écueils du crime et de la folie.

Entendez-vous dans les cavernes souterraines les marteaux cristallins des gnomes et des kobols malicieux ? Au profond des forges invisibles, les pygmées enferment de pures âmes dans le tombeau brillant des gemmes ; tandis qu'au-dessus d'eux, moitié aériens, moitié terrestres, les Trolles, les Nixies, les Brownies, familiers du Gallois superstitieux, se jouent au seuil de la chaumière.

Mais, le voyant admire descendre dans ce rayon de lune les formes aériennes des fées ; les plus suaves figures de l'art peuvent seuls se comparer aux gracieuses sylphides qui convient les humains au doux régal de leurs lèvres ; le moyen âge tout entier, excédé des terreurs de la sombre mystique chrétienne, leva vers elles son cœur avide de sourires ; tandis que les rêveurs habitants de la Forêt-Noire — effrayés de leurs caprices et de leurs féminines perfidies — vénèrent avec un peu d'anxiété les elfes aériens.

Les plus élevés des élémentals cosmiques, les sujets ignés du roi Jehuel et de ses sept ministres, vivent dans les sphères subtiles du feu. Les salamandres sont terribles et proches des anges ; leur vie est très longue et leurs mœurs pures.

Ces quatre classes d'êtres correspondent aux trois règnes de la nature visible ; ils en sont les facteurs invisibles ; une hiérarchie aux degrés infinis les relie les uns aux autres ; d'après Paracelse, les saganes naissent, vivent, se marient et meurent [25] ; mais après le temps de leur existence terrestre, ils n'en conservent point conscience ; c'est pourquoi la tradition les considère comme mortels [26]. — La conscience, et par suite l'immortalité, ne devient possible que lorsque l'étincelle divine animatrice est arrivée au règne humain.

---

25   Voir le Comte de Gahalis.

26   C'est pourquoi ils aspirent, surtout ceux des règnes inférieurs, à se rapprocher de l'homme. Voyez le même livre.

En général, nous sommes invisibles aux élémentals, comme ils le sont eux-mêmes pour nous ; ils répondent toujours à notre appel, mais l'oeil de chair ne peut les percevoir que s'ils trouvent dans le milieu extérieur une plasticité suffisante pour s'en revêtir.

Ils deviennent alors pour celui qui les a évoqués, soit des protecteurs, soit des obsesseurs [27].

Mais pendant cette nuit de lune montante, envoyons le clairvoyant au-delà des sphères de vie infrahominales ; plaçons-le en observation dans les vagues de l'éther subterrestre, dans cet océan de force qui vitalise notre planète. Ses yeux éblouis s'extasieront devant la gloire de ces régions inconnues ; il verra, parmi les âmes des justes, flottant sur les ondes harmonieuses de la symphonie cosmique, les Ælohims, les soleils secondaires se mouvoir ; il percevra, au sein des vagues

---

27   Dans l'Inde, les sorciers de basse caste les appellent comme mères, sœurs ou épouses. Voyez les notes de H. S. Olcott à sa traduction de l'ouvrage *Posthumous Humanity* par d'Assier ; on trouve chez les Peaux-rouges beaucoup d'exemples de ceci. J'ajouterai enfin quelques mots à cette pneu-matologie ; le lecteur studieux pourra tirer quelque profit de l'analyse hiéro-glyphique des noms qui vont suivre. La Kabbale appelle *Rouchin* les élémentaux mâles, et *Lilin*, les femelles. Les esprits du feu sont gouvernés par *Jehuel* et sept ministres ; ceux de l'Eau, par *Michel* et sept ministres ; ceux de Terre et d'Eau ont pour prince *Asmodée, Ruchiel* et trois ministres gouvernent les esprits des vents ; *Gabriel* ceux du tonnerre ; *Nariel* ceux de la grêle, les gnomes des rochers obéissent à *Maktuniel ;* ceux des arbres fruitiers à *Alpiel*, et ceux des autres arbres à *Saroel. Mesannahel* est le roi des esprits des vers ; *Hariel* et trois ministres gouvernent ceux du bétail. Les créatures de la terre et de l'onde vivent sous la dépendance de *Samniel ;* et les oiseaux sous celle d'*Anpiel.*

gigantesques de la spirale terrestre, les génies planétaires bénir les génies des peuples de leurs influences bienfaisantes, tandis que, selon les doubles courants hermétiques, les âmes descendent et remontent sans fin, sur les vagues du Feu céleste. Mais pour ces sublimes spectacles, il faut des spectateurs purs ; il faut une âme sans tache et une volonté irréductible ; nous touchons là aux mystères sacrés de l'extase. — Aussi de telles recherches, ne conseillerons-nous pas de les entreprendre avant des années et des années de travail incessant [28]. — Bien ample est déjà le champ offert à l'exploration de l'étudiant s'il sait se borner au domaine de la clairvoyance physique et à l'étude des royaumes astraux les plus extérieurs.

Telles sont quelques-unes des données les plus courantes de la tradition d'occident sur les êtres de l'astral ; nous allons montrer au lecteur un autre aspect du même sujet, en esquissant à ce propos une brève compilation des théories indoues contenues dans les Vedas et les Pouranas [29].

Il y a d'après le *Rig-Veda* (IX, XVI, 20) cinq ordres de choses créées ; ce sont les Dieux, les Hommes, les Gandharvas, les Serpents et les Pitris (esprits ancêtres) [30]. Ce sont les êtres de la troisième et de la dernière classe que nous avons plus particulièrement en vue.

---

28   Pour les réaliser, des instruments et des rites spéciaux sont nécessaires, dont il ne nous est pas permis de parler ici.

29   Nous avons fait de larges emprunts à la brochure érudite intitulée *Bhutas, Pretas et Pis'achas* par R. Ananthakrishna Shastry, Madras 1895.

30   In *Comment. De Sayana.* Le *Vishnou-Pourana* donne (liv. I, Ch. V) une description de ce quinaire.

On sait qu'une des théories fondamentales du Védantisme enseigne que Prakriti (la matière primordiale, différenciée se revêt de trois qualités (les Gunas) [31]. La première s'appelle Lumière (Sattva) distinguées de l'inertie, elle est illuminatrice et rend les choses manifestes ; la seconde s'appelle *passion* (Radjo-Guna) ; elle cause l'attraction et le mouvement ; la troisième est ténébreuse (Tamas), elle est inerte, obscurante, compressive.

Tous les êtres possèdent ces trois qualités à des degrés divers et c'est leur distinction qui a servi à différencier les diverses classes des êtres invisibles ;

Isvara Krishna en compte huit [32] (*Sankhya-Karita*, LIII), qu'il qualifie (*Ibid.*, LIV) avec la *Bhagavat-Gîta* (IX, 25 et XVII, 4) et Manu (XVII, 44, 47, 49, 50), comme l'indique le tableau suivant qu'on voudra bien lire ainsi qu'une table de Pythagore.

---

31   *Devi Bhagavata*, III, VIII, 4. Pour les définitions voyez *Bhagavat-Gita* XIV, 6, 7, 8, et Isara Krishna.

32   Enumérés par son commentateur Gaudapada. . Amara Sinha développe cet classification dans le *Namalinganusasane*, I, XI.

GUNAS	SATTVA	BADJAS	TAMAS
Sattava	Brahma Pradjapati Viradj	Devas Soma (Pitris)	Créatures visibles
Badjas	Gandharvas Yakshas	Créatures visibles	Id.
Tamas	Rakshasas Pisachas	Id.	Id.

Voici, d'après des autorités plus modernes [33], quels sont les différents ordres d'existence autour de nous :

a) *Rupas-Devas :* esprits planétaires en relation avec le Rupa-Loka. Ils sont formels.

b) *Arupas-Devas :* les esprits planétaires les plus élevés dirigeant l'Arupa-Loka, ils sont sans forme et purement subjectifs.

c) *Pisachas :* coquilles qui subsistent dans le Kama-Loka après le passage de l'Ego en Devachan [34].

d) *Mara-Rupas :* coques à attractions matérielles anormales dont la vie spirituelle et psychique, étant complètement nulle, ne peut les mener jusqu'en Devachan.

---

33   Man : fragments, etc, p. 131 et 899.

34   *Pisachas* vient de *Pisata* chair et de *as* manger ; ce sont des entités malfaisantes ; les *Pretas* (âmes désincarnées) leur sont analogues ainsi que les *Bhutas ;* mais ces derniers cessent leurs obsessions dès qu'on a satisfait à leurs désirs.

e) *Asuras:* élémentals à formes humaines.

f) *Bêtes,* élémentals du dernier rang, appartenant aux diverses classes d'animaux ou de forces naturelles. Ces êtres se développeront plus tard, avec les précédents, jusqu'au niveau humain.

g) *Rakshasas:* (démons) âmes ou formes astrales de sorciers, d'hommes qui ont atteint les limites de la connaissance défendue. Morts ou vivants, ils ont violé la Nature.

Ces différents noms désignent simplement les états d'existence (*Karika.* XI, VIII, comment.) de la divine étincelle qui évolue à travers les quatre règnes astraux, les trois règnes physiques pour conquérir avec l'humanité le don terrible et précieux de son libre arbitre; au-dessus de lui s'élèvent les royaumes lumineux des Devas, au-dessous ceux des enfants de Siva [35].

---

35   Siva est le créateur des esprits de l'ombre (*Kalki Purana*, XXXI, 88); ces esprits forment 26 cercles, féminins pour la plupart, et qui comprennent 3 grandes divisions:

1° Les Balagrahas, fauteurs des maladies infantiles; leur chef est Subramaniah, le plus jeune fils de Siva.

2° Les Pramathadi Ganas, qui s'opposent aux bonnes résolutions et aux entreprises bénéfiques: leur chef est le fils aîné de Siva, Vinayaka.

3° Les Matrikas et les Baghinis, élémentales femelles, les plus hideux de tous, gouvernés par Parvati l'épouse de Siva.

Il est de ces classes d'esprits qui président sur les cadavres, (*Kalica Purana*, ch. 49), sur les œuvres de morts, etc. (*Bhagavata*, X. ch. 63 , Y, XI).

Ces êtres de l'astral ont des corps, — mais non conditionnés par le Karma [36],— plus ou moins lumineux, plus ou moins beaux ou laids suivant leur spiritualité; ils peuvent d'ailleurs se perfectionner en contemplant Brahman (*Tchandogya Upanishad*, VIII VII, 3).

Tous ces invisibles ont le pouvoir de possession; bénéfique chez les supérieurs, maléfique chez les autres, on peut échapper à leur emprise ou se les rendre favorables en les honorant.

On honore deux de la première classe en contemplant l'Atma; ceux de la deuxième, par l'extinction des désirs; ceux de la troisième par l'action; les Gandharvas sont sensibles à la musique, aux parfums et aux fleurs; les Yakschas procurent les biens temporels; les Rakschasas se repaissent de la vapeur du sang versé par la fureur guerrière, on les écarte par des Mantrans; enfin on se délivre des élémentaires en leur offrant des boules de riz, en accomplissant leur désir ou par les rites de la magie noire [37].

V. — *Les voyants*

Lorsqu'on se propose d'instituer des expériences de ce genre, il ne suffit pas d'en connaître une théorie générale; il faut encore l'adapter au cas particulier que l'on a en vue.

---

36   Vyasa. *Vedanta Sutra*, l. III, 26-43).
37   Sahd Karma Dipika.

C'est pourquoi, après avoir expliqué le mécanisme de la clairvoyance, nous allons résumer en quelques lignes les modifica-
tions que l'on doit faire subir au procédé général d'entraînement, suivant la personne à laquelle on l'applique.

Tout le monde n'est pas également apte à la clairvoyance :
il y a là des variations de milieu (vie, habitat, etc.), de naissance et d'habitudes.

Astrologiquement, l'érection de l'horoscope permet
d'établir le tempérament du sujet de façon assez précise pour
indiquer jusqu'à quel degré les sens psychiques sont déve-
loppables en lui. Nous chercherons ces caractères dans les
influences des planètes supérieures, Uranus et Neptune, qui
ne s'affirment que dans des cas exceptionnels et chez les individus fort en avance sur le reste de la race actuelle.

« Lorsque Neptune est puissant, ses aspects avec le soleil
et la lune tendraient grandement à produire de la clairvoyance (Neptune ne doit être considéré comme actif dans l'état
d'avancement actuel de l'humanité que lorsqu'il se trouve
près de la pointe des maisons I, X, VII, et IV, c'est-à-dire
lorsqu'il est angulaire, et son influx, par conséquent, puissant [38] ».

De même « Raphaël [39] prétend avoir observé que les qua-
dratures et les oppositions d'Uranus avec Saturne tendent à
produire la clairvoyance. »

---

38   Selva. *Traité d'astrologie genethliaque.* Voyez aussi le traité d'Abel
Haatan : *Astrologie judiciaire.* Paris, Chamuel, 1895, in-8.
39   *Guide to Astrology.*

Il existe encore bien d'autres positions de planètes inclinant le sujet vers l'éclosion de ces facultés ; on les trouvera indiquées dans les deux excellents traités modernes d'astrologie déjà cités.

Mais il n'est pas toujours loisible de recourir à l'érection du thème généthliaque — opération minutieuse et longue — surtout lorsqu'une expérience rapide doit être faite. En ce cas, on peut se servir, pour classer le sujet, de la théorie des quatre tempéraments [40] ; ce n'est point là un système sèchement analytique, c'est une vivante et féconde adaptation du Grand Arcane du Verbe aux formes du visage humain : elle donne de merveilleux résultats aux devins intuitifs.

Remise au jour tout récemment, cette méthode était connue des maîtres. — Eliphas Lévi a classé, dans un de ses livres, les facultés magiques de ces quatre tempéraments : le Nerveux est prédisposé à la clairvoyance et à la géomancie ; le Bilieux peut facilement évoquer les formes ou en déterminer ; le Sanguin est plutôt développable en psychométrie ; et le Sympathique clairvoyant [41].

Dans le cours de nos expériences, nous avons pu remarquer que les sujets les plus naturellement disposés au développement des facultés magiques ont les yeux et la chevelure de couleur différente.

---

40   Voyez la brochure de ce nom, par Polti et Gary.

41   Faisons remarquer, pour ne pas dérouter les étudiants, que la nomenclature d'Eliphas Lévi ne correspond pas aux termes de Polti et Gary : un peu d'habitude en fera vite apercevoir la raison.

Enfin, dernière et importante recommandation : rappe-lons-nous toujours que nos activités génèrent dans l'Invisible des formes à notre image : belles si elles sont nobles, hideuses si elles sont égoïstes ; les formes horribles que l'on aperçoit généralement au début des expériences ne sont que l'image symbolique des laideurs de l'âme dont il aurait fallu tout d'abord se débarrasser.

VI. — Classification des Miroirs

En remontant le cours des âges, le document écrit le plus ancien que nous trouvions sur les miroirs magiques, ce sont les indications de Moïse concernant l'Urim et le Thumim. Cette assertion peut paraître hasardée au premier abord, quand on se rappelle le désaccord des commentateurs sur ce sujet. Philon le juif y voyait l'image des quatre animaux symboliques [42] ; d'autres les identifiaient avec les douze pierres de l'épnod ou, comme Eliphas Lévi, avec les deux onyx placés

---

42   Voyez Gaffarel (Curiosités inouyes). « Il dit donc (Philon le Juif), parlant de l'histoire cachée dans le chapitre susdit des Juges, que Nichas fit de fin or et argent trois figures de jeunes garçons et trois jeunes veaux, autant d'un lion, d'un aigle, d'un dragon et d'une colombe : de façon que si quelqu'un allait trouver pour savoir quelque secret touchant sa femme, il interrogeait la colombe ; si, touchant ses enfants, par le jeune garçon ; si, pour des richessses, par l'aigle ; si, pour la force et la puissance, par le lion ; si, pour la fécondité, par le cheval ou veau ; si, pour la longueur des jours et des ans, par le dragon. » (Cité par El. Lévi).

en guise d'agrafes sur les épaules du grand-prêtre [43]. On a cru
y reconnaître le Nom incommunicable, les noms des douze
tribus : cependant le simple examen du texte biblique montre
qu'aucune de ces explications ne satisfait pleinement.

Voici, par contre, la révélation que nous trouvons dans
l'*Art Magic*, présentée dans le cristal par un génie planétaire.

« La meilleure et la plus ancienne méthode de divination
est celle du cristal ou de l'*Urius* et du *Thummim*.

« Son origine était céleste, et les inspirations, les visions et
les communications reçues au moyen du cristal par un homme saint et pur étaient purement divines et dégagées de toute
influence humaine. L'emploi du cristal dans les temps modernes est presque aussi puissant que l'Urim et le Thummim
des Juifs. Et entre les mains d'un sujet clairvoyant, ses révéla-
tions sont infaillibles.

« Les esprits n'apparaissent pas effectivement dans le cristal, mais le voyant reçoit une aide magnétique pour pénétrer
profondément le monde spirituel au travers du translucide de
l'instrument. Par cette voie, il (ou elle) est amené à un contact
très intime avec les esprits qui peuvent volontiers converser
avec des mortels.

L'analyse hiéroglyphique des mots hébraïques confirme
cette manière de voir. *Thummim* a pour racine *TM* « le signe
des signes, le symbole de toute perfection,… image accom-

---

43   *Rituel*, p. 336.

plie de l'âme universelle. » D'autre part, le pluriel *I M* signifie la manifestation passive universelle : l'idée générale est donc celle de réflexion, d'image reçue et rendue fidèlement, d'eau miroitante : le cristal magique.

De son côté *Aourim* est la manifestation générale de la lumière : sens qui, matérialisé, aboutit à celui de miroir réflecteur.

Quoi qu'il en soit, je n'insisterai pas davantage, ne voulant pas imposer d'opinion.

Aux Indes, actuellement encore, les *Tshelas* (étudiants initiés) se servent, dans les cryptes des temples, de miroirs en or.

L'antiquité historique a connu une grande variété de miroirs métalliques employés tant pour la magie noire que pour la blanche.

« Les Sagas de la Thessalie traçaient jadis sur des miroirs leurs formules sibyllines avec du sang : aussitôt la lune — autre miroir — réfléchissait ces caractères sanglants, puis la réponse s'imprimait d'elle-même sur son croissante argenté. C'est ainsi qu'était rendu l'oracle » [44].

Au Japon, les miroirs sont de très grandes dimensions, en jade ou en tout autre pierre d'un poli parfait : on peut voir de très beaux spécimens au musée Guimet.

Papus a décrit, dans une conférence faite au Groupe Indépendant d'études ésotériques, un miroir magique rapporté de l'Inde par le peintre James Tissot. Il se compose es-

---

44   Stanislas de Guaïta, *Temple de Satan*, p. 367.

sentiellement d'une sphère de cristal éclairée sur laquelle le sujet fixe ses yeux.

Les magiciens du moyen âge se servirent surtout de miroirs métalliques en tain ou en cuivre. Le cristal de Sainte-Hélène fut aussi employé par eux, nous donnerons plus loin sa consécration. Le célèbre Nostradamus n'était point astrologue mais bien voyant; toutes ses prophéties lui furent présentées dans le miroir. Un des occultistes les plus éminents de la Renaissance, le docteur John Dée reçut des esprits une pierre magique très précieuse [45] : les manuscrits conservés dans la bibliothèque Cottonienne nous en parlent comme d'un cristal; d'autres auteurs le représentent comme un morceau de charbon circulaire, parfaitement poli, muni d'une poignée. Il se trouvait en 1842 chez Horace Walpole à Strawberry Hill; il fut vendu 336 francs à un acquéreur resté inconnu [46].

Parmi les miroirs noirs, on peut citer le *Mandeb* arabe dont on verra plus loin le procédé; le miroir de du Potet: constant en un cercle tracé et noirci au charbon sur le plancher [47]. Parmi ceux qu'inventèrent les élèves de ce puissant magnétiseur, voici l'un des meilleurs: un morceau de carton ovale,

---

45   Voyez l'excellente *Vie de Jean Dée* publiée dans l'Initiation X bre 93 à Avril 94) par notre regretté frère Albert Poisson.

46   *Art Magic.*

47   M. Edmond Bourdain publie (*Paix universelle* du 15 janvier 95 et *Progrès spirite*, 1er Février) le récit d'expériences spirites réalisées avec le miroir de du Potet: les esprits évoqués faisaient apparaître dans le cercle noirci les réponses aux questions posées. Voyez également des récits d'évocations des morts, faites aux Indes, dans des flacons remplis d'encre. *Theosophist.* Août 1882, Mars 1883, Décembre 1884.

d'environ dix centimètres de long, recouvert d'un côté d'une feuille d'étain, de l'autre d'un morceau de drap. L'opérateur magnétise fortement ce miroir et, lorsqu'il en trouve l'occasion, « il le prend dans sa main droite ; collé contre la paume de la main, ses doigts entourant les bords comme autant de pointes magnétiques par lesquelles s'échappe le fluide, il présente ce miroir d'un côté ou de l'autre, à environ un pied de distance de la racine du nez ; dix minutes de fixité environ suffisent pour obtenir la vision, si elle doit avoir lieu [48]. »

Miroir de Swedenborg. — Cahagnet décrit ce miroir dans les *Arcanes de la vie future* et dans la *Magie magnétique* : il fut révélé par un esprit qui se donnait comme celui de l'illustre voyant suédois à la somnambule de Cahagnet. Voici comment on peut le construire.

« On prend une quantité quelconque de mine de plomb, tamisée bien fine, qu'on délaie (dans un vase convenable pouvant aller sur le feu) avec une suffisante quantité d'huile d'olive de manière à en former une pâte assez claire ; on met cette préparation sur un feu doux pour mieux en faciliter la mixtion ; on prend une glace ordinaire (sans être étamée) qu'on approche doucement du feu pour la préparer à recevoir ma mixtion sans éprouver une transition qui puisse la faire casser ; on la place à plat sur deux morceaux de bois puis on verse la pâte préparée sur une de ses faces, en la penchant de côté et d'autre afin de donner la facilité au liquide d'en

---

48   Cahagnet. *Magie magnétique*, p. 82.

couvrir également toutes les parties, ce qui est préférable à se servir d'un pinceau qui laisserait des sillons qui en dépareraient l'uniformité. Si cette pâte se trouvait être un peu claire, on la saupoudrerait de la même mine de plomb tamisée sur le tout, ce qui ferait un amalgame plus compacte.

« Cette glace étant ainsi préparée, on la pose à plat horizontalement sur un meuble et on ne s'en sert que quelques jours après, étant placée dans un cadre approprié à cet effet. Ce miroir à l'avantage sur ceux étamés de moins fatiguer la vue, de rendre une image parfaite des objets : on a soin de la placer dans un endroit de manière à ce qu'il ne reflète pas l'image de la personne qui veut le fixer. Je me sers de ce miroir, comme de tous ceux dont je t'ai parlé, en me tenant derrière le consultant, le fixant magnétiquement vers le cervelet (au-dessus de la fossette du cou) avec l'intention que le fluide que je projette sur lui par mon regard aille joindre le sien pour l'illuminer. Je prie également mentalement l'ange commis à la garde de cette personne de lui faciliter cette vision s'il le trouve convenable. J'ai obtenu avec ce miroir les mêmes résultats qu'avec les autres [49]. »

On trouvera dans l'*Almanach du Magiste* de 1894, le récit d'expériences faites avec un miroir formé par un disque de bois légèrement carbonisés. Voici comment l'expérimentateur rend compte de ses visions :

---

49   *Magie magnétique*, p. 83. Cahagnet a également réédité les miroirs métalliques de l'antiquité sous le nom de miroirs galvaniques, composés de deux calottes de cuivre et de zinc, soigneusement passés au brunissoir. Cet appareil est très puissant ; son magnétisme est positif, électrique.

« Après quelques minutes de fixité, la surface du miroir se voile et se couvre d'une légère vapeur blanchâtre. Peu à peu, cette vapeur augmente et se transforme en une sorte de lumière bleuâtre et phosphorescente. Elle se répand même sur les objets environnants auxquels elle communique un éclat particulier : à la fin, elle roule en gros nuages qui traversent rapidement le champ du miroir. C'est alors seulement que les formes se montrent et que je distingue parfois très nettement ce que je désire apercevoir. »

Parmi les miroirs lumineux, on peut citer le miroir de Cagliostro, le miroir de Sainte-Hélène, le cristal ou miroir magnétique, le miroir narcotique dont l'eau est obtenue par la distillation des plantes magiques, etc. etc [50].

« Soit carafe pleine d'une eau limpide, ou encore boule de cristal magnétisée ; c'est dans de pareils milieux, très réfringents pour la lumière astrale, que Cagliostro faisait longuement flotter le regard de ses *colombes*. Il nommait ainsi de jeunes garçons encore innocents ou des fillettes qui jouaient le rôle de *voyants passifs*, tandis qu'il les tenait sous l'irradiation de son vouloir magnétique. Ces petits êtres voyaient alors se dérouler la chaîne des futurs contingents sous forme d'une série d'images évidemment sibyllines, sortes de prophéties concrètes, qui n'attendaient plus que leur traduction en langage démotique. Les colombes s'exprimaient par exclamation : « Soudain Cagliostro d'une voix inspirée et vibrante,

---

50   On trouvera dans Ragon, *Maçonnerie occulte*, des détails sur les disques magnétiques qu'un expérimentateur intelligent pourra sans peine faire servir aux expériences de lucidité.

improvisait un commentaire oratoire ou dithyrambique, et les âmes les plus railleuses et les esprits les plus sceptiques étaient alors subjugués [51]. »

Enfin le *Comte de Gabalis* donne, pour attirer les esprits des éléments, la recette de quatre sortes de miroirs mystiques. Pour attirer les salamandres, on prendra des globes de verre remplis du feu du monde concentré pendant quarante jours ; pour attirer les sylphes, d'autres sphères remplies d'air conglobé ; pour les ondins, on remplira ces vases d'eau, et de terre solarisée pour les Gnomes. Nous confions à la perspicacité du lecteur la tâche de découvrir la signification réelle de cette recette.

On voit que les miroirs peuvent être classés de la façon suivante :

- Disques et instruments de couleur noir — *Miroirs saturniens* [52].
- Vases et cristaux remplis d'eau — *Miroirs lunaires.*
- Portions de sphères métalliques — *Miroirs solaires.*

Les premiers conviennent mieux aux jeunes garçons, les seconds aux femmes ; les derniers sont plutôt synthétiques et s'adressent aux voyants dépourvus de directeur.

---

51   Stanislas de Guaïta. *Le temple de Satan*, p. 342.

52   Nous avons avec intention laissé de côté toute la théorie étudiant la dimension du miroir, sa courbure, son mode de maniement, attendant pour cela des expériences plus complètes.

Chacune de ces grandes classes peut à son tour se diviser en quatre genres, appropriés aux divers tempéraments de ceux qui sont appelés à s'en servir. On peut en varier la composition, les adapter soit aux quatre tempéraments zodiacaux, soit aux sept planètes ; ceci est facile à faire lorsqu'on est un peu versé dans la théorie des correspondances.

Telles ont les principales variétés de miroirs magiques. L'expérimentation peut en faire trouver beaucoup d'autres ; nous laisserons aux chercheurs le plaisir de ces découvertes.

CHAPITRE III

ADAPTATION

VII. — *La Pratique*

L a règle fondamentale de toute expérience occulte — et celles dont il est ici question possèdent ce caractère au plus haut degré, — est de ne jamais se servir d'aucun objet avant de l'avoir consacré, de ne jamais rien commencer sans une invocation à l'Invisible.

Ainsi, toute tentative de clairvoyance devra être précédée d'une consécration de l'instrument. Nous allons énumérer et décrire quelques-uns de ces rites en commençant par le plus simple.

LUCIDITÉ AU VERRE D'EAU. — Papus recommande le procédé suivant, applicable dans un salon mondain aussi bien que dans le silence de l'oratoire [53].

---

53   *Almanach du Magiste*, p. III, et *Traité de Magie pratique*, passim.

« Le miroir magique le plus simple se compose d'une coupe en cristal (et non en verre) remplie d'eau jusqu'au bord et posée sur une table recouverte d'un linge blanc. Derrière la coupe, on place deux bougies et tout est prêt pour l'opération. Cette opération nécessite le concours de deux personnes : un sujet et un directeur.

Le sujet s'assied en face de la coupe de manière à bien voir la surface horizontale de l'eau.

C'est alors que l'opérateur s'approche en restant debout, place sa main droite étendue sur la tête du sujet en faisant appel par trois fois à *Anael*, l'ange qui préside à cette opération.

Au bout d'une minute (en cas de réussite), le sujet voit l'eau bouillir : puis, les couleurs du spectre apparaissent, et enfin, des visions se manifestent et des réponses aux questions mentales sont données. »

☙

MIROIR MÉTALLIQUE. — Voici le rite de consécration employé par les magistes occidentaux du moyen âge, tel que le donnent plusieurs manuscrits des *Clavicules*[54].

---

54   Ce que nous allons transcrire est tiré des manuscrits de la bibliothèque de Papus, et se trouve reproduit dans le *Traité de Magie pratique*, p. 308 et suiv.

« Prenez une plaque luisante et bien polie d'acier légèrement concave et écrivez dessus avec le sang d'un pigeon mâle
blanc, aux quatre coins du miroir, les noms :

Jéhovah   *Elohim*
Mittatron   *Adonay*

et mettez ledit acier dans un linge neuf, très propre et blanc.
Lorsque vous apercevez la lune nouvelle à la première heure
après le soleil couché, approchez-vous d'une fenêtre, regardez
le ciel avec dévotion, et dites :

O Eternel! ô Roi Eternel! Dieu ineffable qui avez créé
toutes choses pour l'amour de moi, et par un jugement
occulte pour la santé de l'homme, regardez-moi, N...,
votre serviteur très indigne, et considérez mon intention
pure. Daignez m'envoyer votre ange Anael sur ce miroir,
qui mande, commande et ordonne à ses compagnons, et
à vos sujets que vous avez faits, ô tout puissant qui avez
été, qui êtes et qui serez éternellement ; qu'en votre nom
ils prient et agissent dans la droiture pour m'instruire et
me montrer ce que je leur demanderai.

« Ensuite jetez sur des charbons ardents le parfum convenable qui est le safran oriental et, en le jetant, dites :

En ce, pour ce et avec ce que je verse devant votre face,
ô mon Dieu qui êtes tri-un, bon et dans la plus sublime

élévation, qui voyez au-dessus des chérubins et des séraphins et qui devez juger les siècles par le feu, exaucez-moi.

« Dans cet instant, on parfume le miroir en le mettant sur un réchaud neuf de terre cuite ou de fer, afin qu'il se trouve imprégné de la fumée dudit parfum, en le tenant de la main droite et disant trois fois l'oraison précédente.

« Après l'avoir dite, soufflez trois fois sur le miroir et dites :

Venez, Anael, venez, et que ce soit votre bon plaisir d'être en moi par votre volonté, au nom du Père Tout-Puissant †, au nom du Fils très sage †, au nom du Saint-Esprit très aimable † ; venez Anael, au nom du terrible Jéhovah, venez Anael, par la vertu de l'immortel Elohim, venez Anael par le bras du tout puissant Metatron, venez à moi N…, (Dites note nom sur le miroir), et commandez à vos sujets qu'avec amour, joie et paix, ils fassent voir à mes yeux les choses qui me sont cachées. Ainsi soit-il. Amen.

« Après avoir fait cela, élevez les yeux vers le ciel et dites :

Seigneur Tout-Puissant, qui faites mouvoir tout ce qui vous plaît, exaucez ma prière et que mon désir vous soit agréable ; regardez s'il vous plaît, Seigneur, ce miroir et bénissez-le, afin qu'Anael, l'un de vos sujets s'arrête sur lui avec ses compagnons pour satisfaire N.... votre pauvre et misérable serviteur, ô Dieu béni et très exalté de tous les esprits célestes, qui vivez et régnez dans l'éternité des bons. Ainsi soit-il.

Quand vous aurez fait ces choses, faites le signe de la croix sur vous et sur le miroir, le premier jour et les suivants, pendant quarante-cinq jours de suite, à la fin desquels Anael apparaîtra sous la figure d'un bel enfant, vous saluera et commandera à ses compagnons de vous obéir.

Remarquez qu'il ne faut pas toujours quarante-cinq jours pour parfaire le miroir; souvent l'esprit apparaît le quatorzième jour. Cela dépend de l'intention, de la dévotion et de la ferveur de l'opérateur.

Lorsqu'il vous apparaîtra, demandez-lui ce que vous souhaitez et priez-le d'apparaître toutes les fois que vous l'appellerez pour vous accorder vos demandes.

Par la suite, lorsque vous souhaiterez voir dans le miroir et obtenir ce que vous voudrez, il n'est pas nécessaire de réciter toutes les oraisons susdites; mais après avoir parfumé le miroir, dites:

Venez Anael, sous votre bon plaisir, etc.... jusqu'à Amen.

L'opération terminée, vous renverrez l'esprit en disant:

Je vous remercie Anael, de ce que vous êtes venu et que vous ayez satisfait à ma demande ; allez vous-en en paix et venez lorsque je vous appellerai.

Le parfum d'Anael est le safran.

e/s

MIROIRS SATURNIENS. — Les disques et miroirs de ce genre ne pouvant rendre visibles que des esprits inférieurs ou mauvais, ou des objets physiques, il n'existe pas pour eux de consécration spéciale.

e/s

MIROIR DE SAINTE-HÉLÈNE. — Faites une croix dans un cristal avec le l'huile d'olive et, sous la croix, écrivez *Sainte-Hélène*. Ensuite, donnez à un enfant vierge né du légitime mariage la fiole à tenir, puis vous vous mettez à genou derrière lui et dites trois fois l'oraison suivante :

Deprecor, Domina Helena, mater regis Constantini, etc...

e/s

Lorsque l'enfant verra l'ange, il pourra lui faire telle demande qu'on voudra [55].

✧

FORMULE DE NOSTRADAMUS. — Fréquemment employée avec succès dans des évocations d'esprits planétaires ou autres par des adeptes du XIXᵉ siècle, ce rite est un des plus élevés et des plus purs de ce genre. Seul, le rite secret des *Tshelas* indous lui est supérieur [56]. S'étant procuré une pierre bonne et claire en laquelle aucun esprit n'ait encore été appelé, le voyant devra la déterminer pour tous usages, *sauf de mauvais*. Je ne veux pas dire qu'il devra se proposer de l'employer seulement pour de bons usages, car beaucoup de questions frivoles et futiles pourront être faites, qui feront servir la pierre à la connaissance des choses mondaines. Mais qu'il prenne la résolution de ne pas l'employer pour des usages mauvais ou impies ; il la dédiera ensuite par une fervente prière à Dieu.

N'employez pas de médiateur pour cette prière, mais avec fermeté, avec humilité, espérez que Dieu vous mettra en possession d'un esprit gardien par qui vous obtiendrez dans la suite les visions désirées.

Ceci étant fait, inspectez le cristal et, avant de demander à voir quelque vision, demandez le nom de votre esprit gar-

---

55   *Le petit Albert*, et divers autres grimoires.
56   *Art Magic*, p. 420 et suiv.

dien; ayant obtenu ce nom, demandez à voir l'ange; quand il apparaîtra, demandez-lui de vous donner quelque avis qu'il jugera convenable. Demandez-lui les jours et heures où il voudra apparaître, et aussi les temps où vous pourrez appeler d'autres esprits. Demandez-lui de vouloir bien garder votre cristal, d'empêcher les mauvais esprits d'y apparaître et de vous donner à temps avis s'il en arrivait pour vous attaquer — afin que vous ou lui puissiez vous défendre.

Tout ceci étant convenu, rendez-lui la liberté; à la première évocation, il ne doit pas être retenu plus d'une demi-heure.

Quand vous l'évoquerez pour la seconde fois, exorcisez-le par trois fois avec une volonté ferme et déterminée avant de lui adresser aucune question. S'il ne s'évanouit point, vous pourrez dès lors compter absolument sur lui.

Vous pouvez dès lors continuer les évocations aussi long-temps qu'il sera possible , selon votre convenance et celle de l'ange; s'il désire s'en aller, il peut le faire sans renvoi; mais faites soigneusement attention à ne pas oublier le « renvoi » après avoir fini une nuit.

Quand vous invoquerez quelque esprit atmosphérique ou de degré inférieur, comme ceux des morts, employez toujours la formule : *Si cela vous est convenable et agréable,* ou : *Selon votre plaisir.* Faites cela plus particulièrement quand vous vous adresserez à l'esprit d'une personne vivante. Ces mots ne sont pas nécessaires quand il s'agit du gardien ou d'un esprit de haut grade.

Par-dessus toutes choses, il vous est recommandé de ne pas employer cet ange à n'importe quelle fin ; n'en faites pas directement ou indirectement un moyen pour gagner de l'argent. Il peut paraître continuer ses services avec douceur pendant quelque temps ; vous pouvez en obtenir les informations et les visions que vous désirez ; mais les conséquences fatales ou lamentables de nos demandes inconsidérées arriveront tôt ou tard.

Lorsqu'enfin vous êtes en possession d'un bon cristal, ayez confiance en lui, et assurez par toutes les voies de sa véracité. Vous pouvez aussi employer un miroir ce qui est de beaucoup le meilleur.

Le Miroir est employé de la même manière que le cristal ; mais ses visions sont de grandeur naturelle [57] ; et par la baie qu'il ouvre sur le monde spirituel, il permet de se mettre plus intimement en rapport avec l'esprit auquel on s'adresse.

De tous les modes de divination, celui-ci est le plus facile et le meilleur ; ses informations sont d'abord lentes et grossières, mais petit à petit vous êtes amené par lui jusqu'au summum de toute connaissance humaine sur des sujets spirituels.

L'Appel. — *« Au nom de Dieu tout-puissant, en qui nous vivons, nous nous mouvons et avons notre être, je supplie humblement l'Ange Gardien de ce miroir d'apparaître. »*

---

57   Il s'agit ici d'une sorte particulière de miroir, non encore décrite, et dont nous laissons la découverte à l'intuition des étudiants. (P.S.)

Quand il est venu, vous pouvez lui poser vos questions et en obtenir des renseignements, comme par exemple, le moment où il vous permettra de l'appeler de nouveau, et pour combien de temps.

POUR UNE VISION. — *Au nom etc… Je supplie humblement l'esprit de ce miroir de me favoriser d'une vision qui m'intéresse et qui m'instruise etc… (nommer la vision).*

POUR VOIR UNE PERSONNE. — *Au nom, etc… Je te prie N…. d'apparaître en ce miroir, si cela te convient et t'est agréable. (Ne jamais oublier ces mots.)*

EXORCISME. — *Au nom etc… je congédie et renvoie l'esprit actuellement visible dans ce miroir, s'il n'est pas N… (nommer l'esprit) ou s'il n'est pas un nom et véridique Esprit.*

Ceci doit être prononcé d'une voix très énergique et très sévère, par trois fois répété, le doigt sur le cristal.

FORMULE DE RENVOI. — *Au nom etc… je congédie de ce miroir tous les esprits qui y sont descendus; et que la paix de Dieu soit pour toujours entre eux et moi.*

Ceci doit être répété trois fois avant de lever la séance, même s'il n'est point apparu d'esprit. L'omission de cette formalité entraîne la ruine du Miroir.

❧

MANDEB. — Le miroir magique employé par les Arabes consiste en un petit rond d'encre épaisse que le sorcier verse dans la paume de la main gauche d'un enfant; on trouvera des récits détaillés de visions dans les ouvrages du Comte de Laborde et de W. Lane. La figure ci-joint représente ce miroir; voici une description succincte de l'opération d'après Léon de Laborde [58].

Tout d'abord deux formules sont écrites sur deux bandes de papier: la première est une sentence du Koran. (chap. 50, verset 21); l'autre consiste dans l'invocation suivante:

« *Tarschoun! Tarzuschoun! Descends! Descends! Sois présent! Où sont allés le prince et son armée? Où est allé El-amar? Le prince et son armée? Apparaissez serviteurs de ce nom!* »

Cette incantation est répétée sur six morceaux de papier, tandis que la sentence du Koran est attachée à la coiffure du

[58] Karl Kresewetter, in *Sphinx*, 1890) croit que le magicien arabe nommé Abd-el-Kader-el-Moghrebi dont parle de Laborde n'est autre que le fameux émir qui devint plus tard notre ennemi.

sujet: le tout a été d'abord présenté à la fumée d'un encens composé à parties égales de *Takeh mabachi* et de *Konsombra Diaon*, (encens, graines de coriandre) auxquels on ajoute de l'ambre indienne.

La figure du miroir étant dessinée, telle que l'indique la figure de la main du jeune sujet, on jette dans le feu la première formule de conjuration, en psalmodiant ces mots:

Anzitu aiouha el Dschemonia et Dshennoum.
Anzilu betakki matalahontontron aleikum.
Taricki etc. (2 fois).
Anzilu etc (3 fois).
Taricki etc. (2 fois).

L'opérateur continue en tenant la main du sujet jusqu'à ce qu'apparaisse le balayeur.

Remarquons que Jean Dée et Kelley voyaient également au début de leurs évocations une figure d'homme balayant une place. Karl Kiesewetter [59] trouve là « le symbole de la destruction des obstacles matériels de la clairvoyance. » On pourrait considérer ceci comme particulier à un cercle d'initiation. Dans les expériences de ce genre entreprises à Paris depuis quelques années, nous n'avons jamais vu ni entendu relater ce symbole.

Le magicien de M. de Laborde fit venir, quand le balayeur eut disparu, sept drapeaux planétaires dans l'ordre sui-

---

59   Akademische Monatshefte, 78-82, Münich.

vant : Mars, Saturne, Lune, Vénus, Jupiter, Mercure, Soleil, après avoir brûlé la deuxième formule, puis quand les drapeaux sont évanouis, la troisième portion est également jetée au feu. Le sujet voit alors arriver des troupes (quatrième et cinquième formules) qui dressent des tentes, tuent un bœuf, le cuisent et le mangent. C'est alors qu'il est prêt à répondre aux questions des assistants.

∽

Miroir des Bhattahs

Cinq officiers anglais, parmi lesquels le narrateur [60], assistèrent un jour à la danse d'illumination des Muntra-Wallahs, ou Brahmes magiciens. Ce rite se célébrait à Muttra (dans le royaume d'Agra, sur la rive ouest de la Djumna) : cette cité est fameuse par le débit qu'elle fait d'instruments magiques ; c'est un des deux seuls endroits du monde où soit connue la préparation de la Paraphtaline, gomme employée pour la vision au miroir. Ces Brahmes appellent l'état dans lequel on est illuminé, *sommeil de Siolam*.

Quelques auteurs mystiques pensent qu'ils ont recueilli leurs connaissances dans le sentier « d'à gauche » où leurs voisins les Dougpas de Bhoutan les auraient dirigés. Nous ne pouvons rien affirmer de précis à ce sujet.

---

60   Le colonel Stephen Fraser.

Nous allons résumer la longue description du colonel Fraser.

Au jour convenu, nos cinq officiers se rendirent, à travers les gorges des Chocki-Hills, au village où devait avoir lieu la mystérieuse danse. « Sebeiyeh » le cheik, vieillard plus que centenaire à en juger par l'air vénérable et les barbes blanches de ses petits-fils, les reçut avec courtoisie et fit aussitôt commencer les préparatifs de la cérémonie.

Un cercle fut d'abord décrit sur le sol par deux couples de jeunes fiancés, porteurs de vases de terre ; un liquide noir, visqueux, semblable à du goudron remplissait ces vases ; le cheik leur apprit que cette substance, recueillie dans les crevasses volcaniques des Mahadeo-Hills, (Gondivana, Décan), est récoltée par de jeunes garçons et de jeunes filles n'ayant pas encore atteint l'âge de puberté ; on ne peut la trouver que pendant le mois de juin ; elle est ensuite soumise à des préparations occultes pendant 49 jours par d'autres jeunes gens à la veille de se marier.

Ce cercle avait été décrit autour d'un petit autel de pierres sur lequel brûle, sans jamais s'éteindre, le feu sacré des Garounahs . Un trépied soutenait au-dessus de ce feu un grand récipient en terre, où les quatre jeunes opérateurs versaient le quart du contenu de leurs vases ; plusieurs centaines d'assistants étaient rangés autour du cercle, et une partie d'entre eux faisaient frénétiquement résonner des tambours et de grossières cymbales , préludant de cette sorte étrange aux prochains enthousiasmes sacrés.

Le cheik, pendant ce temps, indiquait aux officiers le symbole du feu, âme universelle de la Nature, toujours agissante ; au-dessus d'elle cependant sont les trois pouvoirs divins de Para Brahm : trépied idéal de la création, de la préservation, de la transformation ; une perche recouverte de peaux de serpents cobras — coïncidence remarquable — couronnée d'une noix de palmier, est enfoncée en terre près de l'autel ; c'est l'image du pouvoir créateur de la divinité, de la force mâle, rigide, pénétrante, tandis que le vase soumis à l'action du feu représente la puissance passive, fondamentale, enveloppante de la force féminine.

Selon les rhythmes troublants des voix suppliantes, aux éclats des flûtes de cuivre, au bruit des tambours et de barbares instruments commence une danse étrange, scandée par les cris perçants des femmes et des filles peu à peu exaltées jusqu'à la fureur religieuse, tandis que les échos des rochers voisins répondent à ce puissant concert comme des voix de Devas propices aux désirs des mortels.

Avançant d'un mouvement voluptueux et doux, auquel tout le corps semblait prendre part, les jeunes filles souples et gracieuses, parées de toutes les splendeurs du luxe oriental, exprimaient avec un charme indicible, par les inflexions de leur buste gracile, par de légères génuflexions, par les gestes enroulants de leurs bas, la plus idéale poésie de l'amour ; elles tournaient autour de l'emblème phallique, remuant en mesure avec une spatule d'argent le contenu du vase qu'elles portaient, — tandis que les deux couples qui avaient inauguré la cérémonie exécutaient des rhythmes symétriques.

Le vieux brahmane prit alors la parole; mais sa voix sans timbre, loin d'interrompre l'état de contemplation où ce spectacle et ces musiques avaient jeté les étrangers, pénétrait avec une puissance magnétique jusqu'au cœur de leurs esprits pour les modeler comme une cire molle, aux premières directions de la pratique occulte.

Il leur dévoila, dans un langage gemmé des fleurs précieuses de la poésie orientale, la vraie nature de la passion; il la leur montra comme la racine secrète de l'âme humaine, comme le soutien de toute existence, comme le ressort invisible qui meut toute créature; pure essence d'abord, puis divisée en l'innombrable hiérarchie des forces, elle est l'élixir pour qui la conquiert; elle est sacrée et se révèle comme le bras tout-puissant de celui qui la domine. « La substance contenue dans ces vases — ajoutait le Cheikh, est chargée de passion, — et c'est par le magique pouvoir de cette dernière, lorsque, tout à l'heure, des cristaux seront couverts de ce liquide, que les voyants pourront y contempler non seulement n'importe quelle scène de la vie terrestre mais encore les tableaux enchanteurs du séjour des Dieux. — Telle est la vraie Porte, conclut le brahme en un dernier murmure. »

Les musiciens avaient pendant ce temps accéléré leur rhythme et les danseurs leurs mouvements, des deux premiers couples de fiancés, se détacha soudain l'aînée des jeunes filles, tandis que ses comparses commençaient à remuer la masse noire suspendue sur le feu, en proférant de magnétiques incantations. Elle quitta, continuant à danser, sa tunique d'or, pour offrir aux yeux ravis la royale aumône de sa beauté.

Les contours parfaits de son jeune buste baignaient dans l'air lumineux de la vesprée avec des transparences d'opale ; l'emmêlement de ses noirs cheveux dénoués avivait la délicatesse de ses seins, les nobles courbes de ses flancs ; comme la fleur merveilleuse de quelque plante de rêve, l'ovale délié de la tête couronnait de splendeur le buste frémissant de la jeune bayadère, tandis que le jeu de ses languides paupières dispensait sur toutes chose le prestige magique de ses yeux.

Son art ignorait les mouvements précipités de notre chorégraphie ; symboles vivifiés à force de science des hautes conceptions du sanctuaire, chacun de ses pas révélait un Arcane, et chacun de ses gestes évoquait un Pouvoir. D'onduleuses flexions du torse, des balancements de hanches accompagnaient l'enlacement des jeunes bras, tandis que le divin regard de la vierge semblait la livrer toute à l'idéal bien-aimé ; c'était les palpitations mêmes de l'âme que l'on croyait voir se traduire par le corps, d'une sorte indicible et si chaste ; les vagues ondulées de ses mouvements voluptueux, se prêtaient à l'expression des mille nuances du désir et de la pudeur que devinaient avec ravissement les spectateurs muets ; — car la Beauté réside seulement dans le Mystère inexprimable.

Le colonel fut tout à coup tiré de sa contemplation admirative par l'hiératique danseuse qui l'invitait à jeter un coup d'oeil sur le contenu du grand vase magique ; au lieu d'une masse noire et bouillante, il y aperçut avec étonnement des écumes irisées des plus délicates couleurs se changeant à tout instant en des formes sans cesse variées de fleurs chatoyantes ; le grand-prêtre versa une couche de ce liquide sur une plaque de cristal bombé : tel fut le miroir magique dans les ondes duquel notre héros revit des amis et des parents chers à son cœur, ainsi que plusieurs autres tableaux extraordinaires.

On excusera la longueur de l'extrait que nous venons d'adapter ; nous avons voulu mettre le lecteur mystique sur la voie d'un des plus puissants secrets du Temple.

ço

Communication d'un Esprit Planétaire

« Toutes les fois que des esprits gardiens, ou anges du plus haut ordre se meuvent dans le monde spirituel, l'air qui les entoure est purifié de tout ce qui, à un degré quelconque est plus grossier qu'eux-mêmes.

Ainsi, lorsqu'un esprit atmosphérique rencontre un esprit plus céleste, l'esprit atmosphérique cède à la pression de l'air qui entoure l'autre et se retire pour lui livrer passage. De cette façon les esprits visitent notre atmosphère, et les sphères plus basses que la leur propre, comme la terre, sans jamais venir en contact avec les individualités inférieures à lui, à moins qu'ils ne le désirent. Ainsi même, lorsqu'un esprit est appelé à converser avec des êtres humains, la pensée de l'Evocateur, ou plutôt sa volonté l'atteint immédiatement, et il apparaît, séparant et repoussant devant lui toutes influences moins angéliques que la sienne. »

Les esprits gardiens, et les anges de haut degré, ne peuvent être vus que dans l'Urim ou le Thumim, le cristal et le miroir ; les autres modes de divination, par des vases d'eau, par des ombres, par des bandeaux, ou fluides noirs, sont efficaces seulement pour voir des personnes mortes, des esprits atmosphériques, des esprits errants, mauvais ou non développés [61].

***

Résumons rapidement tout ceci.

L'homme possède, latente au sein de son être, la faculté de communiquer avec l'Invisible. Il peut le faire soit par la lumière, soit par le son, soit par chacun des cinq autres organes des sens astraux que lui reconnaît l'ésotérisme. Dans le premier cas le pouvoir qu'il développe est la clairvoyance.

— On a vu avec quels milieux et quels êtres cette faculté le mettait en rapport, on s'est enfin efforcé de déterminer quel serait pour chacun l'instrument qui lui offrirait l'aide la plus efficace dans cette tâche ardue et périlleuse. Ce mémento est bien incomplet ; il offre, au point de vue théorique comme au point de vue pratique, bien des lacunes. Je ne le présente pas moins avec confiance au public spécial que cela intéresse ; ne serait-ce que parce qu'il est le résumé à peu près complet de ce qui a été imprimé jusqu'à ce jour sur ce sujet.

61 *Art Magic*, passim.

Les travailleurs sincères y trouveront la seule base vraie et solide pour la pratique de la divination.

FIN

BIBLIOGRAPHIE

1. Art Magic, or Mundane, Sudmundane et supermundane spiritism. *New York*, 1876, in-8.

2. Cahagnet, Magie magnétique ou traité historique et pratique, etc.

3. Eliphas Lévi. Rituel de haute Magie, ch. XX.

4. U. N. Badaud. Coup d'oeil sur la Marie au XIXe siècle, Paris, Dentu, 1891, in-18.

5. Recherches sur la Magie égyptienne par Léon Laborde, Paris, 1841, Renouard, br. In-4.

6. Papus. Traité élémentaire de Magie pratique, Paris, Chamuel, 1893, in-8.

7. Papus. Les miroirs magiques, conférence faite groupe indépendant d'Etudes Esotériques. (Dans le Vo d'Isis).

8. Carl. Du Prel. Das Kreuz am Ferner, roman Suttga Cotta, 1891, 2 vol. in-16. (ou son analyse dans l'initiati de juin 1892).

9. William Lane. Mœurs et coutumes des Egyptiens actuels traduit en allemand par le Dr Julien-Theod. Zenker, Leipzig, Dyk, 2 vol. In-18.

10. Gorres. Mystique divine, naturelle et diabolique trad. De Ch. Ste-Foy (III, 598-613).

11. Casaubonus. A true and faithfull relation of what passed for many years between Dr John Dee and some spirits. London, 1659, in-4. (analysé par Philiphotes dans l'Initiation, janvier-avril, 1894).

12. Lettres édifiantes et curieuses, etc.

13. De Sacy. Exposition de la religion des Druses.

14. Potter. Travels in Syria.

15. Von Hammer. Hist des Sasséins.

16. Youatt. Research into Magic Arts.

17. Col. Fraser. Twelve Years in India.

TABLE DES MATIÈRES

www.ingramcontent.com/pod-product-compliance
Lightning Source LLC
Chambersburg PA
CBHW060048050426
42448CB00011B/2353